ENCORE

QUELQUES RÉFLEXIONS CRITIQUES

SUR

le Système politique

DU MINISTÈRE,

Par Thouvenel,

Député de la Meurthe.

NANCY, IMPRIMERIE DE DARD.

AVERTISSEMENT.

Beaucoup de gens ne voient le droit que là où
la force paraît ; c'est ce qui fait que le pouvoir
a souvent plus de défenseurs et surtout plus de
flatteurs que la liberté. Il y a aussi d'autres bonnes
raisons qui expliquent pourquoi l'on se range si
facilement d'un côté plutôt que de l'autre ; ces
raisons, on les devine : la liberté n'a ni budget,
ni place, ni cordons à ses ordres.... Moi qui n'ai
jamais eu ce genre de courage qui fait courir à
la défense du plus fort, je prends le parti des
faibles, c'est-à-dire celui des intérêts menacés, des
principes violés, et des institutions suspendues....
Comme je suis sans crainte, sans espérance, et
j'ose ajouter sans reproche, je dirai la vérité sans
réticence et sans passion. J'ai pensé qu'il était de
mon devoir dans ces circonstances, de prendre
la plume : plusieurs de mes collègues sont calom-
niés, menacés.... et l'opposition dont ils font partie
ainsi que moi, est traitée de factieuse.... Il est bon
de faire voir de quel côté sont les torts ; nos inten-
tions trop long-temps calomniées, et notre honneur
outragé, nous en imposent l'obligation. Tout aussi
bien, il y a plus de profit pour le gouvernement

à éprouver quelques critiques qu'à recevoir les éloges les plus pompeux. Je sers donc sa cause en attaquant sa marche ; mais ce qui vaut peut-être mieux, je sers mon pays en l'avertissant des dangers qu'on lui fait courir. Si je me trompe, c'est au moins de bonne foi. Nos calomniateurs pourraient-ils en dire autant?

Si le mot *je* s'aperçoit souvent dans cet écrit, et si je me mets en scène sans nommer aucun des collègues qui pensent comme moi, c'est que je veux *sur moi seul* assumer toute la responsabilité des accusations que je renouvelle contre le ministère. Je n'ignore pas qu'il y a plus de six semaines que la session est terminée....

QUELQUES RÉFLEXIONS CRITIQUES

SUR

Le Système politique

DU MINISTÈRE.

Au point où en sont les choses, il n'y a plus, d'aucun côté, à se faire illusion. En se déroulant, les événemens parlent haut ; leur langage pour tous est très-significatif. Les carlistes savent maintenant quelle est la force de résistance qu'on leur oppose, et combien peu de chances de succès a leur parti. Cependant la guerre vendéenne est loin encore d'être terminée : assoupie aujourd'hui, elle peut se ranimer plus tard. Les républicains doivent de leur côté avoir acquis l'expérience que le courage ne supplée pas à l'infériorité du nombre, et qu'il y a insanité à vouloir, par la violence, faire accepter un gouvernement, comme ils le désirent, à des populations qui disent à coups de baïonnettes : Non, nous n'en voulons pas. Toutefois, qu'on ne s'y trompe point, la victoire remportée sur eux n'a pas tari toutes les sources de misère et de mécontentement.

Quand le gouvernement sera sorti de l'enivrement où l'ont jeté le succès qu'il vient d'obtenir et les flatteries de tous ceux qui l'assaillent, il sentira que l'opposition n'a pas eu tort de combattre toutes les mesures qui pouvaient amener la désaffection du peuple, et le jeter dans l'indifférence ou la haine, double situatiou également dangereuse dans les temps de révolution et de guerre. Il verra, si le temps lui donne plus de clairvoyance, que sur un très-grand nombre de points de la France, il y a, comme l'opposition l'en a tant de fois prévenu, non-seulement souffrance physique, mais de plus un grand mal-être moral; que les esprits y sont mécontens du passé, tourmentés de leur présent et inquiets de leur avenir; que tous désirent des améliorations, et veulent une paix *solide, non douteuse*, qui permette enfin les entreprises dont ils éprouvent le besoin, ou un état de guerre énergique qui les tire de la terrible incertitude dans laquelle ils vivent avec anxiété depuis deux ans. Nos ministres reconnaissent sans doute à présent que ce n'est pas sans motifs que les députés de l'ouest ont essayé si souvent de les tirer de leur inconcevable sécurité, relativement à l'organisation de la chouannère, et qu'ils ont de grands reproches à se faire, pour avoir repoussé avec dédain, comme ils l'ont fait, les avis que ces collègues leur donnaient, dans le but de prévenir cette guerre civile, qui vient d'éclater avec tant de fureur dans leurs contrées, et qui menace aussi d'ensanglanter le midi.

Quant à celle qui a bouleversé Paris pendant deux jours, je n'en connais ni assez les causes, ni assez les circonstances et les résultats, pour en porter un jugement exact. Mais je ne puis m'empêcher de dire que lorsque tant d'hommes se constituent, dans la ville de France où il y a le plus de patriotisme, en état de guerre contre le gouvernement, et se battent avec autant d'acharnement contre ceux qui le défendent, il faut que celui-ci ait causé bien de l'irritation, et soulevé bien des haines contre lui. Au moins est-il vrai que lorsqu'un aussi épouvantable combat a lieu là où siégent tous les agens protecteurs et conservateurs du gouvernement, on est bien malhabile, ou bien malheureux de ne pas l'avoir prévenu.

Je ne suis pas et n'ai jamais été du nombre de ceux qui approuvent les révoltes. Cela ne m'empêche pas de reconnaître que les révoltés politiques sont généralement des hommes d'un grand courage, des hommes à convictions fortes, et par cela même susceptibles d'un dévouement qui peut aller jusqu'au sublime. Ces hommes, dans une autre position, ou si le gouvernement marchait mieux, seraient les meilleurs défenseurs de la patrie; c'est dire que je déplore plus leur erreur que je ne la mésestime. Cependant je répéterai ce que je disais il y a long-temps à un conspirateur de première classe, qui pensait que la race des Bourbons ne pourrait plus jamais faire le bonheur de la France, et qu'il fallait la renverser. «Je ne m'explique pas cette délirante manie,
» qui prétend, *par la force*, imposer aux majorités une
» nouvelle machine gouvernementale, qui n'est pas de
» leur goût, dont elles ne veulent pas, et qui d'ailleurs
» ne vaudrait pas mieux peut-être que celle qui existe;
» *car les gouvernemens ne sont bons que lorsque les*
» *peuples sont dignes de les avoir tels.* J'ajoutais que les
» grandes réformes politiques ne sont pas comme ces
» plantes dont on accélère la germination, en les plaçant
» sur une couche chaude : on les fait avorter, au contraire,
» en les forçant à naître plus tôt que la nature n'a voulu. »
Si donc je révèle les fautes du gouvernement, et critique

ses agens qui s'en sont rendus coupables, ce n'est pas pour faire ma cour aux fauteurs d'émeutes, c'est pour qu'on sorte de la mauvaise voie dans laquelle on est entré, et que par là on leur enlève tout motif, comme tout prétexte de s'insurger de nouveau; c'est pour qu'on cesse enfin d'imiter la restauration dans ses abus et ses erreurs, afin d'ôter à notre impétueuse, brave et impatiente jeunesse l'envie de recommencer un nouveau juillet, qui sans cela pourrait lui paraître nécessaire, à tort sans doute.

L'avenir va bientôt nous apprendre s'ils se trompaient aussi ceux d'entre nous qui ont pensé que la guerre au dedans serait probablement le prélude de celle que nos ennemis veulent nous susciter à l'extérieur.

Quant à moi, j'éprouve quelque crainte (surtout quand je vois que nous nous divisons de plus en plus), que les rois, nos bons amis, ne soient fort disposés à nous la faire, malgré les génuflexions de notre diplomatie, et les honteux pardons qu'on leur a adressés pour la liberté grande qu'on a prise de remplacer leur légitime frère Charles le dixième. Je crains aussi que la marche imprimée aux affaires et la direction donnée aux esprits ne tendent à augmenter nos embarras, à multiplier nos peines, et à rendre plus difficiles les améliorations financières, politiques et autres, dont la France a besoin.

Depuis que le parti qui se vantait de *tout calmer* et *améliorer au dedans* et de *tout pacifier au dehors*, est au pouvoir, tout va de mal en pis. La France est agitée, divisée partout; elle n'a pas plus de sécurité à l'extérieur que de tranquillité à l'intérieur.

Cependant, pour conjurer les dangers que l'on prévoyait devoir surgir *intrà et extrà*, les ministres de ce parti ont tout eu à leur disposition : trésor, armée, fonds pour la police, gendarmerie nombreuse, lois répressives, journaux salariés, fonctionnaires complaisans ; même malgré le peu de confiance que leur système inspirait à l'opposition, celle-ci néanmoins a voté tous les crédits demandés, et alloué des impôts plus que suffisans pour faire face à toutes les dépenses que les circonstances pouvaient rendre nécessaires. Pourquoi donc, malgré tant de moyens mis au pouvoir du ministère, la France se trouve-t-elle dans une aussi triste position ? Je vais le dire, non pour l'instruction de ceux qui nous gouvernent, car je les crois peu disposés à en recevoir, mais pour justifier ma protestation et celle des collègues qui pensent comme moi, et aussi pour exciter la sollicitude des amis de la patrie. (Je demande pardon à mes lecteurs, si dans l'énumération des causes de notre triste état politique, je répète en partie ce que l'an dernier je disais à la tribune.) Je reprochais à nos divers ministres, et leur reproche plus que jamais, d'avoir considéré et traité notre nouvel affranchissement de juillet comme un événement malheureux, comme une catastrophe (c'est ainsi qu'on l'a désigné); d'avoir gouverné, non selon l'esprit et dans le but de ce nouveau 89, mais selon les doctrines et les erremens de la restauration; d'avoir violé les principes qu'on avait d'abord reconnus, et manqué aux promesses que l'on avait primitivement faites. Je leur reprochais en outre d'avoir traité les auteurs et partisans de juillet comme des hommes suspects et dangereux, tandis qu'on était plein de complaisances et prodigue de faveurs pour ses ennemis.

Je me plaignais surtout de ce qu'on s'était placé trop humblement sous le joug d'une diplomatie trompeuse et rancuneuse, et de lui avoir permis d'imposer comme lois ses ridicules et interminables protocoles.

Puisque de nouveau l'on nie audacieusement la vérité de ces reproches, de nouveau aussi il faut les prouver d'une manière irrécusable.

D'abord je demande si l'on n'a pas eu le droit de s'étonner et raison de s'affliger que le *principe d'égalité*, qui est si cher au Français, et qui avait reçu de la révolution de juillet une nouvelle consécration, n'en ait pas reçu de nouvelles garanties ? Pourquoi, au lieu de lui en accorder, lui a-t-on, au contraire, porté si souvent atteinte? Qu'on ne me donne pas un démenti, car je rappellerais d'abord qu'on a fait effacer le mot *égalité* sur les drapeaux ; puis, au besoin, je citerais les noms des satrapes *titrés* de l'empire et ceux des courtisans *armoriés* de tous les pouvoirs tombés qu'on a élevés ou maintenus aux plus importantes fonctions de l'état. Tout dernièrement encore, n'est-ce pas le blason qui a eu exclusivement ou à peu près, l'honneur de faire partie de la cour du roi-citoyen? *L'on ne peut être homme comme il faut, bien servir son pays et son roi sans parchemin.* Qui se serait douté, grand Dieu ! que cette maxime féodale aurait, après juillet, plus de crédit en France que l'article de la charte qui abolit les priviléges et proclame l'égalité? L'expérience n'a-t-elle donc pas appris *que ces gens comme il faut* ne servent guère qu'à flatter et corrompre les gouvernans, et à manger leurs finances; mais que pour les soutenir c'est autre chose? Bonaparte et Charles X ont éprouvé qu'il ne fallait pas trop s'y fier.

Certainement je suis loin d'être l'ennemi d'aucuns nobles, soit anciens, soit nouveaux : je suis au contraire attaché à un grand nombre d'entre eux , et dans tous les temps j'ai saisi avec empressement l'occasion de leur en donner des preuves ; mais comme institution , je regarde la noblesse comme n'étant plus de notre siècle ; je la crois très-opposée à nos mœurs nouvelles et tout-à-fait antipathique à notre nouvel ordre politique. Cependant jamais les hommes du pouvoir actuel n'ont mis plus d'affectation à désigner les fonctionnaires par leurs *titres* , et plus d'empressement à les favoriser que depuis que nous avons *un roi-citoyen* , *une royauté bourgeoise.* Cette *manie féodale* ne peut se comparer qu'à celle qu'ils ont eue naguères de vouloir remettre en vogue le mot *sujet* , qui est de nos jours d'une acception tout-à-fait servile. Cette qualification accolée à certains noms n'est pas un contre-sens , sans doute ; mais pour d'autres elle en est un aussi inconvenant que ridicule. Aussi ceux qui se respectent la repoussent-ils avec mépris quand on veut la leur imposer. Que nos ministres soient de très-humbles et très-minimes sujets , nous ne nous y opposons point , nous les croyons taillés pour cela ; mais qu'ils nous laissent la liberté de ne point leur ressembler sous ce rapport , comme sous beaucoup d'autres.

Le *principe d'égalité* a été bien plus violé encore dans la répartition des charges civiles et militaires, dans celle des impôts , que dans la distribution des faveurs. (Voyez pour les preuves, les lois sur les chemins vicinaux , celles des finances qui maintiennent les impôts de consommation les plus onéreux pour le peuple , et beaucoup d'autres lois , sans en excepter celle sur la conscription , où toutes les chances avantageuses sont pour le riche , soit qu'il soit question de se faire exempter ou racheter, soit qu'il soit question d'*obtenir des grades.*

Le *principe de liberté* a subi également de notables atteintes. Je ne parle pas maintenant de celle qu'on lui a fait éprouver par la mise en état de siége. Mais avant cette mesure anti-constitutionnelle, des écrivains ont été incarcérés préventivement, des journaux achetés malgré le respect que l'on doit à la charte, qui consacre la *liberté* de la presse, et malgré celui qui est dû à la morale, qui défend la corruption.

On ne s'est pas fait faute de caresser les plus sottes vanités, et d'attiser les plus mauvaises passions. Dans quel but? De bonnes âmes ministérielles vous répondent naïvement que c'est pour faire perdre à quelques caractères sauvages leur excédent de roideur, et pour extirper à quelques fonctionnaires ce superflu d'indépendance qui gêne la liberté du pouvoir et blesse la doctrine de nos hommes d'état, qui, en tout, ne veulent rien de trop (juste milieu), même en fait de vertu. Dieu sait combien de pauvres fonctionnaires ont été *crucifiés* au nom et pour le soutien de cette doctrine ! En me servant de cette expression, je n'ai point envie de faire un jeu de mots : mais je veux peindre la situation de quelques-uns de ceux que j'ai vus lorsqu'ils venaient d'être revêtus de ces faveurs si peu méritées ; ils avaient vraiment l'air d'hommes auxquels on fait subir le *martyre de la croix*. Combien aussi de dévouemens récompensés en bonnes sinécures ou en fonctions bien dotées. Si c'est là de la *liberté*, assurément ce n'est pas celle de la conscience !

Il y a bien aussi à se plaindre de l'état dans lequel on a laissé celle des cultes. On continue à imposer aux communes des prêtres qui ne sont ni de leur goût ni de leur choix. Des citoyens sont obligés de payer des ministres d'une religion qui n'est pas la leur....

Et la liberté de l'enseignement est-elle autre chose qu'un vain mot ?

Le *principe de l'ordre* que nos adversaires ont tant proclamé et auquel nous sommes plus sincèrement attachés qu'eux, quoi qu'ils en disent, n'a pas été plus respecté que ceux de liberté et d'égalité. Souvent il a fait place à un arbitraire et à un despotisme qui ne conviennent pas dans un pays qu'on dit libre. Exemple, l'organisation des assommeurs et autres faits de cette espèce. Voyez aussi l'ordonnance Gisquet sur les médecins.

Jamais, depuis que ce principe d'ordre a été proclamé, l'on ne vit plus d'émeutes. Le ministère et ses partisans s'en prennent à l'opposition, parce qu'elle est le soutien des intérêts populaires, l'organe de ceux qui souffrent ; parce qu'elle défend les principes de 89, et surtout parce qu'elle signale les erreurs et les fautes des gouvernans. A son tour l'opposition accuse ces agens d'être, par leur manière de gouverner, la cause prochaine ou au moins éloignée, de presque tous les mécontentemens ; et comme ce sont ceux-ci qui enflamment les passions provocatrices, et qui entraînent les étourdis et les hommes à caractère décidé, il en résulte que la révolte, en dernière analyse, se trouve l'œuvre de ceux qui l'attribuent à l'opposition. Nous pouvons dire aux ministres : vous accusez nos discours d'exciter à la sédition, et nous, nous accusons vos actes ; et comme ils sont antérieurs à nos discours, c'est vous qui êtes les premiers coupables, si toutefois nous pouvons le devenir en signalant le mal que vous faites. Ce qu'il y a de certain, c'est que si nos ministres ne font pas naître des troubles et des émeutes, du moins ils s'y sont mal pris pour assurer le règne de *l'ordre*. Ils lui ont donné pour base et pour sauvegarde les quarante mille lois discordantes et barbares de la convention, du directoire, du consulat, de l'empire et de la restauration, sans compter les règlemens anciens et nouveaux, les décrets de l'empire et les ordonnances de Louis XVIII et de Charles X.

M. Gisquet n'a-t-il pas été dernièrement déterrer un édit du temps de Louis XIV, pour forcer, par la pénalité qu'il renferme, les médecins et chirurgiens à devenir délateurs des blessés et malades qui se seront confiés à eux, c'est-à-dire à commettre une lâcheté, un crime de lèze-humanité? quelle infâme morale!!! (1).

Puis pour exécuteurs des dispositions innombrables et contradictoires de cette foule de textes, ils ont choisi une troupe de préfets, une partie parmi les séïdes du despotisme impérial, une autre partie parmi les caractères violens et les esprits inexpérimentés ou corrompus de notre époque; et afin qu'il y ait plus d'ensemble dans leur exécution, l'on a conservé la magistrature de Louis XVIII, de Charles X, en y intercalant un parquet à Louis-Philippe, laquelle, par la manière dont elle est composée, semble être faite tout exprès pour Henri V; puis à côté de cette magistrature en mosaïque, vous avez aussi ces magistrats d'un autre ordre; je veux parler de ces maires nouveaux, espèce de métis, qui ne sont tout-à-fait ni les hommes du gouvernement, ni ceux de leurs communes; puis encore ces

_____

(1) L'on va plus loin : on place près des blessés des 5 et 6 juin qui se trouvent dans les hôpitaux, des factionnaires dont le seul aspect a fait naître à plusieurs de ces malheureux le *tétanos*, en leur rappelant qu'ils ne pourraient échapper aux conseils de guerre qui les attendaient.

commissaires de police, fonctionnaires à triple et qua-druple attributions, car ils sont chargés d'observer, de prévenir, de réprimer, et d'autres ajoutent de provoquer : voilà, si je ne me trompe, en y comprenant les *baïonnettes* et les *cartouches*, la liste de tous les élémens et de tous les organes *irresponsables du fameux régime légal* auquel on a voulu soumettre la France de juillet. Faut-il être surpris si, avec de pareils instrumens, l'*ordre* a été si difficile à maintenir? C'est à ce régime, organisé comme il l'est, et composé de tant d'élémens disparates que l'on doit ces tristes résultats en partie, au moins ces événemens de Carcassone, de Lyon, de Grenoble, etc., c'est-à-dire la division des citoyens, et les déplorables conflits qui se sont élevés entre eux et plusieurs régimens.

Le ministère, qui s'est montré si sévère pour le main-tien de ce *régime légal*, a bien eu quelquefois le petit tort de porter atteinte à quelques-unes des lois qui lui servent de base ; il serait facile de lui en citer des preuves ; mais j'aime mieux convenir qu'il a eu le mérite de réprimer quelques émeutes, toutefois en l'avertissant qu'il ne faut pas qu'il en soit trop fier, et qu'il est de sa prudence de ne pas trop s'abuser sur cette espèce de succès. Qu'on me per-mette quelques explications pour prouver la justesse de mon avertissement.

Une émeute politique, comme je le lui ai démontré l'an dernier, n'est jamais qu'un signe présent d'un mal ancien : c'est le plus souvent un mouvement réaction-naire calculé contre un état de choses, qui blesse des intérêts ou des doctrines ; quelquefois c'est l'explosion soudaine de passions contrariées maladroitement ou longuement comprimées par des mesures irritantes.

Quand par la force ces sortes d'émeutes sont dissipées, leurs causes ne sont pas pour cela détruites. En effet, si le mal-être physique des classes laborieuses continue ; si des besoins moraux des autres classes n'ont point été satisfaits ; si des espérances légitimes ont été trompées ; si des droits violés ont depuis long-temps prédisposé les cœurs à s'aigrir, les têtes à s'échauffer ; si enfin divers levains de mécontentement fermentent en secret dans le sein des masses, c'est vainement ou au moins sans résultats durables, que vous emploierez *le fer et la poudre* pour faire cesser de pareilles prédispositions. Ce sont là de mauvais remèdes. Vous pourrez bien réussir plusieurs fois à comprimer, à suspendre et même à arrêter une explosion commencée ; mais vous n'anéantirez pas pour cela tous ses élémens. Son principe survivra à vos efforts. Dans un tel état de choses, un bon gouvernement doit, comme un bon médecin, remonter avant tout aux premières causes du mal et s'attacher à les faire disparaître, afin que leurs effets ne se reproduisent plus. C'est ce qu'on n'a pas su ou voulu faire. On aurait tort, très-grand tort, et je le répète avec une entière conviction, de se reposer sur un succès qui ne tarit pas les sources du mal et n'en fait disparaître aucune des causes éloignées.

L'*ordre*, comme il nous le faut, n'est pas l'absence du bruit ; il ne dérive pas du silence qu'on obtient par la force, et il ne tient pas à la rentrée volontaire ou forcée des habitans dans leurs maisons. Comme je le conçois et le désire, l'*ordre* ne peut venir que du bien-être du peuple et de la confiance qu'on lui inspire. Il faut, pour assurer sa durée, que le plus grand nombre des citoyens arrivent à cet état qui permet à l'esprit d'être satisfait ou au moins résigné, à l'âme d'être calme, et à la raison comme à la loi d'exercer son empire.

S'il n'est pas donné au gouvernement de mettre la majorité des habitans dans cette situation, au moins il est nécessaire qu'on ait la certitude qu'il ne fait rien de contraire.

Cette certitude malheureusement est loin d'exister, et d'après ce qui se passe, je crois qu'elle n'existera pas de sitôt. La marche qu'on suit m'annonce que nos ministres aiment mieux le silence de la peur que les explosions bruyantes du contentement. L'ordre tel que je viens de le définir ne paraît pas être de leur goût. Je suis même tenté de croire (et je leur demande pardon de le dire), qu'ils ne le comprennent pas ; car sans cesse ils répètent comme des perroquets cette vieille sentence : *sans l'observation des lois, point d'ordre ni de liberté.* Je pourrais bien leur demander en passant pourquoi donc ils en suspendent l'action et celle de la charte par l'état de siége ? Mais passons vite sur cette objection incidente pour arriver plutôt à nous expliquer clairement sur le véritable sens qu'il convient d'attacher à leur sentence favorite. Oui, vous avez raison de dire qu'il n'y a pas *de liberté ni d'ordre* sans l'exacte observation des lois, si vous ajoutez bien vite que vous admettez qu'il est nécessaire que ces lois soient calculées et faites dans l'intérêt de la majorité et non pour assurer des avantages, maintenir des priviléges et constituer de prétendus droits à une fraction de la minorité ; qu'il faut enfin que ces lois n'aient pas d'autre but que celui de répartir équitablement, justement, toutes les charges et tous les avantages de la société.

C'est là la mission et le devoir de tout bon gouvernement. Quand cette mission est mal comprise , ce devoir mal rempli comme aujourd'hui , alors on cesse d'être dans les conditions nécessaires pour assurer et maintenir l'ordre tel qu'il doit être , et la liberté telle que des citoyens qui sentent leur dignité la veulent ; que si vous voulez le maintien de lois qui soient trop onéreuses pour le plus grand nombre des contribuables , trop restrictives de leurs droits , trop blessantes pour ceux qui s'estiment , et trop gênantes pour les opinions , ou oppressives pour les consciences , vous n'aurez alors que le repos de la servitude , l'apathie de l'indifférence ou le tapage de l'émeute , et finalement les violences de l'insurrection : car la société est telle aujourd'hui qu'elle ne veut plus se contenter de lois qui la blessent ou qui ne correspondent plus à ses nouveaux besoins. Pour mon compte je suis pleinement d'avis que , tant que ces lois existent , il faut , et je blâme ceux qui prêchent une doctrine contraire , leur obéir : mais le difficile est de faire partager cette opinion aux masses. Allez dire maintenant au peuple anglais que les bourgs pourris sont une bonne institution qu'il faut maintenir, que les lois qui donnent tout le sol aux possesseurs de majorats , la dîme au clergé , etc. , sont de bonnes lois qu'il faut conserver et respecter ; et à nos habitans de campagne , que les taxes sur *le sel, les boissons ;* les droits *d'entrée sur les céréales, les viandes ,* sont d'équitables impôts , et vous verrez ce qu'ils vous répondront ! D'autant plus de telles lois seront exécutées , d'autant plus on sera mécontent. Il n'est donc pas exact de dire , sans distinguer , *« qu'à l'observation des lois est attaché l'ordre et la liberté. »* Tous les états despotiques ont des lois , ou presque tous , qui sont bien observées. S'ensuit-il qu'on y soit libre et à l'abri de la révolte ? non, sans doute. La convention avait aussi des lois qu'elle faisait bien exécuter, car elle avait aussi des *tribunaux d'exception* et un énergique agent d'exécution, la guillotine, et de son temps il n'y avait pas d'émeutes. Est-ce à dire que ses partisans auraient eu raison pour cela de vanter son *régime légal* et *l'ordre qui régnait alors*? Encore une fois, dès que les lois contrarient les idées, les intérêts, ou les mœurs, ou la conscience du plus grand nombre; lorsqu'elles se trouvent *en contradiction avec les principes qui ont préparé et enfanté une révolution*, leur règne est une tyrannie qui ne peut durer (l'aristocratie anglaise est à la veille peut-être de l'apprendre à ses dépens), et l'espèce d'*ordre* qui peut résulter de leur exécution, n'est jamais que le silence de la peur, ou l'assoupissement du mécontentement. Qu'on cesse donc de nous parler d'un *régime légal* qui est contraire aux principes et aux nouveaux besoins qui dominent notre époque. Un tel régime devait être changé immédiatement après notre dernière révolution; plus tard il devrait être au moins modifié dans ce qu'il a de trop discordant avec les principes de liberté, d'égalité et de souveraineté nationale: mais nos hommes d'état ne paraissent pas s'être doutés de la nécessité d'opérer ce changement; ils ont voulu que tout fût comme sous la restauration, et que *choses, hommes et doctrines* restassent de même; de sorte qu'on peut de bonne foi se demander à quel signe on peut reconnaître qu'il y a eu une révolution? quel bien a-t-elle opéré? et pourquoi avoir versé du sang pour en faire une qui ne change pas d'une manière avantageuse les conditions sous lesquelles on vivait? Et doit-on s'étonner qu'il se rencontre certains esprits qui se fassent en outre cette audacieuse question : n'en faudrait-il pas faire une autre qui aurait de meilleurs résultats?

Nos ministres n'ont pas même songé à débrouiller le cahos des lois antérieures à cette révolution; et il faut avouer qu'ils n'ont pas été plus habiles pour toutes les lois nouvelles qu'il nous ont fait présenter. La preuve se trouve dans celle sur la garde nationale , sur les municipalités, sur l'instruction primaire , etc. ; quant à celle qui devait organiser le conseil d'état d'une manière définitive , celle sur les attributions municipales, qui devait nous débarrasser des abus de la centralisation , celle sur la réorganisation du corps enseignant, et plusieurs autres qui nous ont été promises , elles sont reléguées avec toutes les mesures d'économie , dans les futures contingens, et Dieu seul sait quand nous les aurons!

Si nous voulions parler , pour justifier ensuite les autres reproches que nous adressons au ministère , des injustices dont on ne s'est pas fait faute envers l'opposition , et des dégoûts dont on a abreuvé les citoyens les plus honorables , tels que les Lafayette , les Dupont de l'Eure , et tant d'autres partisans purs de la révolution de juillet, nous aurions l'air de vouloir récriminer : nous nous tairons donc sur ce chapitre. Mais tandis qu'on éloignait les hommes les plus intègres des affaires , comment se conduisait-on envers les patriotes de la Pologne et de l'Italie?.... en leur donnant une ville pour prison?....

Que sont devenues ces garanties indirectes de *nationalité et d'indépendance* de ces peuples? quels résultats ont eu ces négociations entamées en leur faveur? pourquoi a-t-on refusé aux chambres la communication des pièces diplomatiques qui devaient nous éclairer à cet égard?.... Chacun le sait aujourd'hui.

On sait également que les places, les pensions sont de préférence accordées ou conservées aux amis du nouvel ordre de choses; que les dotations de la pairie ont été maintenues, les chouans pensionnés, les évêques contre-révolutionnaires flattés, et les plus violens d'entre eux qui par peur ont disparu, on a voulu les réimposer aux départemens qui avaient eu si fort à se plaindre. Sur ce point, comme sur tant d'autres, nous avons été trompés. Si je dis sur tant d'autres, c'est que j'y suis autorisé. Le ministre de la guerre, par exemple, ne nous a-t-il pas induits en erreur sur le chiffre de notre armée? sur la force réelle des rois nos voisins? et celui de l'intérieur ne s'est-il pas mis aussi à mentir sur la force véritable de notre garde nationale armée? Tout dernièrement les habitans de l'ouest réclamaient des armes pour leur garde nationale qui devait marcher contre les chouans; il n'était donc pas vrai, comme il l'assurait, que toutes les bonnes gardes nationales fussent armées?

Celui des relations extérieures a refusé de s'expliquer sur la situation des affaires d'Italie; il nous laissse ignorer le but véritable de notre expédition d'Ancône... Savons-nous où en est la situation de la Grèce, pour laquelle nous sacrifions nos trésors depuis si long-temps, sans profit pour elle et pour nous? Enfin, osons-nous seulement tenter quelques démarches en faveur des petits états qui implorent notre protection? Puisque nos ministres nous ont tant vanté notre bonne union avec les cabinets, pourquoi n'en ont-ils pas pu profiter pour terminer plus rapidement les affaires de la Belgique?

Plus je passe en revue les actes et les discours des ministres, plus je reste persuadé que tout ce qu'ils ont dit, fait ou laissé faire, décèle la faiblesse ou le manque de dignité, l'oubli des vrais principes, l'imprévoyance ou l'incapacité de ceux qui les ont conseillés; ils ont surtout prouvé leur ignorance de l'état moral de la nation après juillet, puisqu'on les a vus constamment tout sacrifier aux prétentions du dehors, à celles d'une orgueilleuse cotterie au dedans; ils ont cédé à la peur de troubler les jeux de bourse, d'interrompre les profits de nos doctrinaires banquiers, et de blesser les vanités aristocratiques des parvenus de tous les régimes.

Sous le rapport diplomatique, chacun convient qu'ils n'ont cessé depuis quinze mois de nous endormir avec leurs cinq à six douzaines de protocoles, de nous berner avec la promesse tant de fois renouvelée d'un désarmement prochain, et de nous rendre ridiculement les jouets de la Sainte-Alliance:

Toujours leurs paroles ont été décevantes pour notre pays, et pour la Belgique, et pour la malheureuse Pologne, comme pour tous les autres peuples qui ont voulu nous imiter; leurs actes faibles, incertains, contradictoires ou honteux. Ont-ils su nous créer un allié solide parmi les rois? Ne nous ont-ils pas au contraire aliéné la plupart des peuples? Ont-ils seulement le courage d'avouer qu'ils coloniseront Alger?

A l'intérieur, voyez aussi ce qu'ils ont fait pour éviter les divisions et les troubles de tant de villes, et la guerre civile de plusieurs départemens? On les a vu développer un grand appareil de force contre des ouvriers en révolte pour le maintien d'un tarif approuvé par l'autorité, faire partir contre eux une grosse armée, avec un maréchal ministre en tête, et l'héritier du trône à ses côtés; mais lorsqu'il s'est agi de l'insurrection de toute une contrée, de sept à huit départemens, l'on s'est reposé sur la force des garnisons et sur la garde nationale du pays! On est encore tenté de se demander pourquoi l'on n'a pas déployé autant de sévérité contre les Diot, les Robert et autres détrousseurs de diligences qu'envers de jeunes étourdis? L'on donne des sauf-conduits à ces chefs de chouans, et l'*on traduit les autres devant des commissions militaires défendues par la charte!* Et cette charte fut-elle jamais autant violée par MM. de Villèle, Peyronnet et Polignac, qu'elle l'est aujourd'hui par le ministère de la révolution de juillet? L'on ose après cette révolution ressusciter des tribunaux d'exception! Croit-on que si un Châteaubriand, un Hyde de Neuville venaient à être condamnés par de pareils tribunaux, qu'on les croirait coupables? Non, jamais. En parlant ainsi, peut-être me traitera-t-on de révolutionnaire, de jacobin. Que ceux qui ne me connaissent pas apprennent que jamais l'on ne m'a vu fraterniser avec des hommes de cette espèce, et que jamais on ne me verra marcher à la suite d'un drapeau rouge.

Avais-je donc si grand tort quand l'un des premiers, par mon tour d'inscription, je leur disais, lors de la discussion de l'adresse (voyez le *Moniteur* du 10 août 1831), qu'ils gouvernaient la France comme des hommes sans connaissances de son passé, sans prévisions de son avenir et sans notions exactes de ses besoins présens, et que je les blâmais de cette suffisance avec laquelle ils repoussaient les avertissemens que nos collègues de l'ouest et du midi leur donnaient sur la situation de leurs départemens ? (Ils ont tant dédaigné ce qu'on leur a dit à cet égard, qu'ils ont laissé pendant plusieurs mois de suite sans préfet le département de la Mayenne.) Avais-je tort encore quand je leur reprochais cette légéreté indigne d'hommes placés à la tête d'un grand peuple , avec laquelle ils aventuraient leurs paroles, violaient leurs promesses (exemple, celle qui avait pour but de faire accorder les honneurs du Panthéon à Foi , Manuel et Benjamin Constant, celle de faire abolir la peine de mort, celle du désarmement), et dérogeaient à chaque instant aux principes posés par eux – mêmes (exemple, le principe de non intervention.) Enfin , avais-je tort quand, poursuivant mes critiques, j'ajoutais que s'ils avaient *un système arrêté*, comme ils s'en vantaient, c'était sans doute celui qui avait pour but de continuer la restauration et ses abus, ses gros impôts et leur vicieuse répartition., les cumuls de fonctions et surtout de traitemens (exemple, MM. Lobau , Soult, etc.), des monopoles et priviléges et la centralisation ; j'ajoutais la très-humble soumission à nos anciens ennemis et la méfiance envers le pays.

Quand on se dit ministres de la révolution de juillet, leur disais-je , faut-il gouverner de manière à faire croire à ceux qui sont dévoués à cette révolution, qu'elle n'est qu'une seconde édition du régime déchu, très-légèrement corrigée et seulement pour l'avantage de ceux qui voulaient conserver les abus de la première ?

Devaient-ils confier les plus importantes fonctions à ces *roués politiques de toutes les époques*, à ces anciens dévorateurs de budget, qui toujours se trouvent prêts à s'incliner devant tout pouvoir nouveau, afin d'en extorquer les faveurs, semblables à ces cruches qui ne se baissent que pour se remplir plus aisément? Comment, à moins d'avoir perdu le sens, compter sur des hommes qui pour de l'argent *se sont toujours dévoués à tous les gouvernemens quels qu'ils soient.*

Nos ministres se sont-ils seulement doutés qu'une révolution perd bientôt ses plus solides appuis, les classes populaires, quand on ne fait rien pour amoindrir les charges qui les écrasent et pour augmenter leur bien-être et leur moralité; qu'il faut, pour qu'un pays qui vient d'opérer une révolution soit tranquille, que les lois y soient mises au plus tôt en harmonie avec les principes et les intérêts nouveaux; qu'il faut surtout, sous peine de frottemens dangereux, qu'il y ait accord parfait entre les nouvelles institutions et les hommes chargés de les maintenir? Alors pourquoi la conservation dans leurs emplois, de ces hauts fonctionnaires créés la plupart sous l'influence de l'émigration et du jésuitisme, et bons seulement pour soutenir les intérêts et les doctrines de l'ordre de choses qui les a fait placer? Ne faut-il pas que l'instrument soit de nature à convenir à ceux qui doivent s'en servir; que le moyen enfin convienne au but? Croira-t-on que ces maximes de saine politique que l'expérience et le bon sens indiqueraient aux plus minimes hommes d'état, aient été méconnues ou dédaignées par des ministres auxquels on supposerait de la capacité?

Je demande quel jugement l'histoire portera sur le caractère et les lumières de ces hommes qui, au milieu de nations qui se préparent à de grandes révolutions sociales, s'épouvantent de nos discussions parlementaires, de celles des journaux et des grandes vues d'avenir que quelques écrivains privilégiés lancent dans le public, et qui regardent les plus nobles pensées comme des attentats, quand elles débordent celles du pouvoir, ou ne sympathisent pas avec celles de ses agens ?

Quelle idée doit-on se faire de leur esprit et de leurs sentimens, lorsqu'on les voit à chaque occasion disposés à rabaisser l'intelligence et la vertu, et les placer au-dessous de la richesse et des titres, priser les hommes selon le rang qu'ils occupent dans le monde, et non selon leur mérite, et vouloir les diriger par le vil intérêt de l'égoïsme, au lieu de chercher à les conduire par les nobles passions ?

On peut posséder l'art de s'enrichir, mais convenons d'après ce que nous voyons, que cet art n'a rien de commun avec celui de gouverner dignement une grande et généreuse nation.

Aujourd'hui que trop de sinistres événemens ont eu lieu, et que la vengeance s'apprête, je ne puis m'empêcher de rappeler ce que je leur disais l'an dernier à l'occasion d'émeutes. « Malheur à ceux qui les fomentent, » malheur aussi à ceux qui ne savent point les prévenir ! » Prenez garde, si vous voulez être forts au dehors, de rien » faire qui puisse nous affaiblir au dedans. Ne divisez pas » pour régner. Laissez ce principe machiavélique à ceux » qui veulent gouverner à la Louis XI. Évitez donc toute » collision entre les citoyens, la garde nationale et l'armée, » et ne les brouillez jamais les uns avec les autres. Enfans » de la même famille, ils ont droit à être traités en frères, » c'est-à-dire avec une égale faveur. A leur égard, le » gouvernement doit jouer le rôle d'un père indulgent.

» Après avoir tout fait pour éviter leurs divisions , leurs
» combats, il doit, s'il en est survenu, s'interposer pour
» guérir *pacifiquement* les maux qui auront été faits, et
» en empêcher le renouvellement. » Ces conseils, que
tout esprit non passionné eût trouvé raisonnables, furent
repoussés avec dédain, et peu s'en est fallu que celui qui
se les permettait, à raison de sa qualité de député, ne
fût rappelé à l'ordre, à la demande de quelques-uns de
ces *modérés-furieux* (comme les appelait M. de Lafayette)
et au grand consentement de leurs patrons.

Aujourd'hui, si je répétais à la tribune ces paroles,
qui sont cependant plus que jamais appropriées aux circonstances, j'en serais probablement expulsé avec violence, tant les hommes du parti de la modération sont
modérés !

Je viens d'indiquer rapidement le mal qui a été fait à
notre patrie, le pourquoi et le comment; maintenant je
vais dire plus brièvement encore le bien qu'il est possible
de lui faire. Déjà notre éloquent collègue Odillon-Barrot
et le *Journal du Commerce* en ont formulé le programme.
Celui-ci n'en différera que par un peu plus d'étendue.

La réforme la plus importante et la première à faire
est celle du ministère : cette réforme doit consister dans
la révocation de tous ses membres ; car ils sont tous plus
ou moins entachés de vices redhibitoires.

Les nouveaux ministres, choisis parmi les hommes les
plus vertueux et les plus capables de la France, auraient
pour premier devoir à remplir celui d'engager le roi à
nommer des pairs parmi les notabilités *vraiment nationales*, et en nombre suffisant pour neutraliser ceux qui
tiennent au système de la restauration et à celui du des-

potisme impérial. Ils feraient subir dans le même sens d'importantes modifications au personnel de l'administration. Ils prépareraient quelques modifications à notre système électoral, par suite desquelles le nombre des électeurs serait augmenté de toutes les capacités ; tous les électeurs seraient éligibles, etc., et la chambre renouvelée. Ils s'occuperaient de la réforme de nos lois et du soin de les faire mettre en harmonie entre elles et avec la charte.

Les impôts, par suite d'un nouveau système de finances mieux calculé et plus en rapport avec les facultés des contribuables, subiraient de grandes réductions dans quelques parties. On établirait au moins un meilleur mode de répartition pour quelques-uns des plus onéreux. On supprimerait ceux qui sont le plus opposés à la morale et le plus en horreur au peuple, celui sur le sel, la loterie, les boissons, les taxes sur les céréales et viandes exotiques, etc.

En conséquence de ces suppressions ou réductions d'impôts, des économies importantes seraient faites ; l'on restreindrait le nombre des places : le personnel des états-majors, civils, militaires, ecclésiastiques serait diminué ; on n'accorderait plus de pensions civiles ; seulement il y aurait des retraites entretenues par les fonds de retenues opérées sur les traitemens ; une partie de l'armée serait renvoyée dans ses foyers, et tour-à-tour ceux qui la composent y passeraient la moitié du temps de leur service.

Cessation de tout système de corruption, par conséquent plus de journaux salariés avec l'argent des contribuables, plus de députés payés en bonnes places ; en finir enfin avec les cumuls, les sinécures ; organiser le

conseil d'état; plus de taxes imposées à la presse quoti-
dienne; plus de ces entraves à l'industrie causées par un
mauvais système de douanes, c'est-à-dire plus de prohi-
bitions contraires aux véritables intérêts des commerçans
et des consommateurs; empêcher que l'avancement des
officiers dépende trop de l'arbitraire du gouvernement,
et donner aux soldats l'instruction primaire gratuite,
ainsi qu'aux autres jeunes gens pauvres, et une éducation
professionnelle qui puisse les mettre à même d'améliorer
leur sort; enfin organiser la responsabilité de tous les
fonctionnaires, particulièrement celle des ministres : voilà
pour l'intérieur.

A l'extérieur : annoncer hautement qu'on gardera
Alger; faire des alliances avec les gouvernemens consti-
tutionnels; proclamer de nouveau le principe de non
intervention, et cette fois sans restrictions jésuitiques;
enfin demander sérieusement et insister sur le désarmement; car il faut enfin sortir de cette *quasi-paix* qui est
aussi coûteuse qu'une guerre véritable.

Au lieu d'opérer ces réformes sollicitées depuis si long-
temps, et d'apporter au peuple quelques soulagemens
à ses souffrances, qu'ont fait nos ministres? nous l'avons
dit; ils sont jugés par leurs œuvres.

L'on voit maintenant ce qui est résulté de leur manière
de comprendre le gouvernement et d'administrer le pays,
ce que c'est que leur *fameux système*.

Des divisions dans presque toutes les communes, le
désordre et l'émeute renaissant partout, et la sécurité
nulle part; la guerre civile ravageant l'ouest, menaçant
le midi, et la guerre étrangère en perspective : voilà ce
qu'ils n'ont su ni prévoir, ni prévenir, ni réprimer *conve-*

nablement ; car je ne mets pas au rang des moyens *convenables de répression* et de prévention, la mesure anti-constitutionnelle de l'état de siége, mesure qui, en dégageant le gouvernement de toutes les règles constitu—tionnelles, en lui ôtant tous les freins légaux, laisse les citoyens sans garantie et détruit leur sécurité, et partant tous leurs autres droits. Par cette mesure, comme l'a dit un journaliste anglais, le *Times*, dans son numéro du 11 juin : « Les meilleures libertés du » peuple semblent pour quelques temps aussi grave— » ment compromises par le triomphe de l'*ordre*, qu'elles » l'auraient été par l'anarchie tumultueuse des insurgés. » Cettte mesure est un véritable attentat contre la charte ; c'est un coup-d'état qui eût pu être toléré dans la ré-volte, mais qui n'est plus justiciable après sa cessation. Cet acte seul des ministres suffit pour motiver contre eux un acte d'accusation. C'est, j'espère, ce qui aura lieu, si la chambre fait son devoir, et si elle se rappelle que le roi a dit que la charte serait désormais une vérité.

Dans de telles occurrences, les bons citoyens qui souffrent, moins encore cependant des maux qu'ils endurent que de ceux qu'ils prévoient, doivent se réunir et s'entendre sur les moyens légaux qu'il convient d'employer pour conjurer les dangers qui nous menacent au dedans et au dehors.

Quant à moi, qui crois que ces dangers viennent prin-cipalement,

1° De ce que notre patrie est sous le joug des impré-voyans, des incapables et des égoïstes ;

2° Du régime de déception, de honte et d'humiliation

qui lui a été imposé, je proteste en ma double qualité de citoyen et de député, de toutes les forces de mon âme et avec toute l'énergie d'une conscience pure, et contre un pareil joug et contre un pareil régime, et je prie Dieu et le prince qui nous gouverne d'y mettre fin au plus tôt.